MITOLOGIA GRECA

Racconti dal Pantheon greco

Adam Andino

CONTENTS

INTRODUZIONE

Immaginate di vivere nell'antichità e di dover dare un senso al mondo. Sembra che tutto voglia uccidervi e non avete idea del perché. La soluzione, ovviamente, è raccontare una storia. Questo era ciò che facevano gli antichi greci, in un modo così bello e intricato che ancora oggi cattura le nostre menti. Quella che oggi è conosciuta come mitologia era per loro la religione e la base stessa della loro società. I narratori di queste storie erano considerati benedetti dalle Muse. I racconti che essi narravano erano il sussurro delle Muse sulle avventure del dio. Ogni racconto forniva una guida e una visione di ciò che accadeva sulla cima del Monte Olimpo. Erano una fonte di ispirazione e di istruzione, e fornivano speranza, disperazione, avvertimenti, spiegazioni e, sì, anche intrattenimento.

Le storie dell'Antica Grecia erano rappresentazioni di molteplici aspetti dell'umanità e della sua percezione del mondo. Gli dei non erano esseri perfetti: amavano, odiavano e agivano come gli uomini. Erano specchi divini dei desideri umani. La mitologia greca era incentrata su dodici divinità principali, ognuna delle quali rappresentava un aspetto della natura. C'erano gli dei del tuono, dell'acqua, della morte, della vita, della fertilità e molti altri. Al di fuori dei dodici Olimpi, i Greci credevano e veneravano decine di altre divinità. I loro filosofi (Platone, Socrate, Aristotele...) testimoniano il loro desiderio di esplorare e spiegare i fenomeni naturali. Come risultato di questo desiderio di essere un tutt'uno con l'ambiente e di comprenderlo, decine di dèi e spiriti nacquero dalla loro immaginazione. Gran parte di queste storie erano orali, anche se i Greci successivi cercarono di riportarle in forma scritta. È interessante notare che nella società greca c'era chi considerava le storie un intrattenimento esagerato. Tuttavia, la stragrande maggioranza incorporava i racconti nella propria vita quotidiana e nelle proprie credenze spirituali. Si credeva che avere opinioni atee o agnostiche fosse un sacrilegio e che il miscredente sarebbe stato severamente punito dagli dei .

Nell'Antica Grecia la religione era un'attività quotidiana e profondamente personale. Chiesa e Stato erano un tutt'uno. Tutti gli aspetti della vita erano influenzati dagli dei, che intervenivano regolarmente nella vita umana. Credevano che gli dei amassero, richiedessero e rispondessero al culto. Di conseguenza, costruivano templi e luoghi sacri, sacrificavano animali e facevano libagioni (si tratta di versare una bevanda, di solito alcolica, come offerta agli dei). Festival, competizioni artistiche ed eventi sportivi venivano utilizzati per onorare gli dei ed evocare i loro favori. Durante questi eventi, la guerra era proibita e il passaggio sicuro era garantito a tutti. Molte città avevano dei patroni. Ad esempio, Atena era il dio protettore di Atene e Apollo quello di Delfi. Si riteneva che alcuni luoghi avessero un profondo legame spirituale con gli dei. Di conseguenza, questi luoghi erano visitati sia dai reali che dai contadini. I loro sacerdoti erano tenuti in grande considerazione e un viaggio in queste zone era considerato un pellegrinaggio.

Si credeva che gli dèi avessero dei rappresentanti sotto forma di sacerdoti, oracoli e assistenti. I Greci cercavano questi rappresentanti per compiere riti e conferire la saggezza e il comando degli dei. I Greci credevano che il futuro potesse essere visto attraverso l'uso degli auspici. Le viscere degli animali sacrificati, come maiali, capre, pecore e mucche, venivano spesso esaminate per conoscere gli eventi futuri. Il sesso degli animali era sempre lo stesso del dio invocato o onorato. È interessante notare che, nonostante il ruolo limitato delle donne nella società greca, anch'esse potevano essere sacerdotesse. Tuttavia, la loro selezione dipendeva dalla loro verginità e dal fatto che avessero superato la menopausa. Mentre i sacerdoti eseguivano le cerimonie, i discorsi teologici sugli dei erano di competenza dei funzionari della città.

Sebbene molti fossero impegnati in un culto pubblico e formale, il culto personale era altrettanto importante per gli antichi greci. Il pavimento del camino, chiamato focolare, era considerato sacro e le persone offrivano doni, incenso, vino, fiori e cibo per onorare il loro dio prescelto. Coloro che ne avevano i mezzi eseguivano i propri sacrifici animali in luoghi personali. Si credeva che i comandi degli dei potessero essere trovati nelle conversazioni regolari e nel comportamento degli animali. Interi gruppi avevano riti che erano noti solo a loro e si credeva che l'esecuzione di questi riti avrebbe conferito doni speciali a chi li eseguiva. I riti venivano praticati in diverse occasioni, come prima e durante la guerra, quando si partiva per un viaggio, in occasione di matrimoni e di eventi legati al raggiungimento della maggiore età, per citarne alcuni.

La religione era una parte integrante della società greca antica. Si rifletteva nelle loro azioni quotidiane, quando cercavano di onorare e cercare l'aiuto delle loro numerose divinità, in particolare i dodici dei principali del Monte Olimpo. Le storie di questi dei divennero una guida per gli antichi greci e una fonte di fascino e intrattenimento per la società moderna.

CAPITOLO 1: GLI DEI DELL'OLIMPO

I dodici dei principali del pantheon greco erano al centro della mitologia greca. Si credeva che questi dei risiedessero sulla montagna più alta della Grecia: Il Monte Olimpo. Si raccontano storie sulla loro ascesa al potere e sui loro rapporti con i mortali e i mostri. Gli dei benedicevano, maledicevano e creavano. Erano capricciosi e manifestavano gli stessi desideri ed emozioni degli uomini.

Sebbene la maggior parte delle storie si riferisca solo a 12 dei dell'Olimpo, in questo capitolo ne vengono elencati 14. Ade è il 13th dio incluso in questo elenco, nonostante non sia considerato un Olimpo. Invece di vivere in cima al Monte Olimpo, Ade risiede negli Inferi, di cui è il sovrano. Il motivo per cui c'è un 14th dio elencato qui è che, a seconda della fonte a cui si fa riferimento, alcune storie nominano Estia come un Olimpo, mentre altre includono invece Dioniso.

A capo degli Olimpi c'era Zeus: padre degli dei e dio del tuono. Nonostante fosse l'ultimo figlio dei suoi genitori (Rea e Crono), Zeus era il primo tra gli dei. Viene spesso descritto come se tenesse un fulmine nella mano destra e un'aquila appollaiata nella sinistra. Porta anche uno scettro reale. Talvolta Zeus è raffigurato con un enorme scudo e con una corona di foglie di quercia. Ha una barba e una figura imponente e assomiglia a un uomo in età adulta. Il padre degli dei è anche visto come il signore del cielo e della giustizia, con il controllo del tempo, del destino e della regalità. Si credeva che Zeus fosse anche il feroce sovrano e protettore degli dei e degli uomini. È il fratello di Era, Demetra, Ade, Estia e

Poseidone e il padre degli altri dei dell'Olimpo. Zeus ottenne il dominio del cielo dopo che furono tirati a sorte lui e i suoi fratelli Ade e Poseidone.

Anche Zeus è sposato con Era. Tuttavia, ci sono molti racconti sulla sua infedeltà nei suoi confronti. Le storie abbondano di Zeus che assume molte forme diverse per accoppiarsi con esseri umani e altri esseri soprannaturali. I suoi figli nati da donne mortali erano considerati semidei. Questi figli erano in grado di compiere molte grandi azioni. Oltre ai principali dèi e semidei da lui generati, Zeus aveva anche le Muse, le Tre Grazie, le dee delle stagioni e le Parche. La sua costante infedeltà a Era creava continui contrasti tra i due. Spesso Zeus faceva di tutto per nasconderle le sue attività amorose.

Si dice anche che Zeus abbia avuto sei mogli prima di Era. Metis (che poi ingoiò), Themis, Eurinome, l'altra sorella Demetra, Mnemosyne e Leto. Tutte queste donne gli diedero figli potenti.

Gli abitanti dell'Antica Grecia veneravano e temevano Zeus e lo invocavano per proteggere le loro case, famiglie e proprietà. Zeus era onnipotente e poteva scagliare il suo fulmine dall'Olimpo per colpire i colpevoli in qualsiasi parte del mondo. Il suo orgoglio e la sua natura insensibile portarono Era e molti altri dei a guidare una ribellione di breve durata contro di lui. La punizione di Zeus nei confronti dei dissidenti fu rapida e brutale.

Hera

Conosciuta come la regina degli dei, Era è associata al matrimonio, alle donne e alla fertilità. Viene spesso raffigurata come modesta, matronale, bella e solenne. La mucca, il cuculo e il pavone sono considerati sacri per lei. Hera è solitamente invocata per aiutare e proteggere le donne e i bambini. La sua protezione si estende in particolare alle donne durante il parto. È interessante notare che gli studiosi ritengono che il suo vero nome sia sconosciuto, poiché "Era" viene tradotto con il significato di "Signora" o "Padrona". Nonostante sia la madre degli dei, Hera viene talvolta definita vergine. Ciò è dovuto alla credenza che ella ripristini annualmente la sua verginità facendo un bagno in una sorgente.

Il matrimonio con il fratello minore avvenne con un inganno. Si dice che Zeus si trasformò in un cuculo ferito e si presentò a lei. Il profondo amore di Era per gli animali la spinse a prendere l'"animale" e a stringerlo al petto per tenerlo al caldo. Zeus riprese allora la sua vera forma e dormì con lei. Era, vergognandosi di essere stata ingannata, accettò di sposarlo. Nonostante l'inizio del loro matrimonio, Era fu profondamente fedele al marito. Era estremamente gelosa e puniva sia le donne che Zeus corteggiava sia i figli nati dalla sua infedeltà. Si raccontano molte storie di lei che lo aspettava e lo inseguiva per coglierlo nell'atto del tradimento. Mentre Zeus si sentiva libero di frequentare altre donne, puniva chiunque cercasse di instaurare una relazione intima con Era. Di conseguenza, nonostante la sua grande bellezza, non fu corteggiata da nessuno, se non dal marito.

Hera è spesso raffigurata come dotata di una forte personalità. Non ha paura di opporsi al marito. Infatti, cospirò con Poseidone, Atena e diversi altri dei per drogare Zeus e rubargli il fulmine. Per punizione, fu appesa con catene d'oro al cielo finché non promise di non ribellarsi mai più a Zeus.

Si dice che Hera abbia avuto quattro figli dal marito: Ares, Efesto, Eilezia ed Ebe. Tuttavia, il numero varia da tre a dieci a seconda del racconto.

Demetra

Demetra era ritenuta la dea dell'agricoltura. Era anche considerata una dea della nascita, della salute e del matrimonio nel mondo sotterraneo. Il suo nome indica che era considerata una figura materna. L'alternarsi delle stagioni è attribuito ai suoi sentimenti per la figlia avuta da Zeus, Persefone. Si racconta che la figlia fu rapita e portata negli inferi da Ade. Alla notizia, Demetra si mette alla ricerca della figlia. Il suo dolore era così grande che la terra divenne sterile. Alla fine Zeus intervenne, mentre l'umanità soffriva e chiedeva aiuto mentre i raccolti morivano. Nel frattempo, Persefone mangiò alcuni semi di melograno datile da Ade e, così facendo, dovette trascorrere metà dell'anno con Demetra e l'altra metà con Ade negli Inferi. Si dice che la primavera e l'estate riflettano la gioia di Demetra di avere la figlia con sé, mentre l'autunno e l'inverno mostrano il suo dolore per il periodo in cui la figlia è intrappolata negli Inferi.

Demetra è comunemente rappresentata come modesta, matronale e regale. Porta una cornucopia e indossa una corona di fiori. A volte è raffigurata su un carro con la figlia. Entrambe portano grano, spighe, scettri e torce. La festa, Thesmophoria, è una celebrazione tutta al femminile di lei. Le si attribuisce anche il merito di aver insegnato agli uomini come coltivare e utilizzare il mais. Due animali a lei sacri sono il serpente e il maiale.

Nonostante sia una consorte di Zeus, si dice che Demetra abbia avuto altri amanti e che abbia generato figli per loro.

Poseidone

Poseidone è generalmente conosciuto come il dio del mare. Era anche considerato il dio dei cavalli e dei terremoti. Poseidone era considerato violento, irascibile, avido, vendicativo e focoso. Poseidone è raffigurato come se assomigliasse a Zeus e portasse un tridente. Il suo grido è forte come quello di diecimila uomini. Cavalca anche un carro trainato da cavalli. Poseidone è anche lussurioso e non sempre richiedeva il consenso delle donne che prediligeva. Come Zeus, cambiava forma per sedurle o prenderle con la forza. Nonostante i suoi numerosi tradimenti, era sposato con Anfitrite, un'oceanide (una ninfa marina).

La natura di Poseidone lo metteva spesso in contrasto con gli dei e gli uomini. Partecipò alla ribellione contro Zeus e fu mandato a servire Laomedonte, un re troiano. Contestò anche Atena per il possesso di Atene. I due furono incaricati di fare un dono alla città di Atene e chi avesse fatto il dono migliore avrebbe ottenuto la proprietà della città. Poseidone usò il suo tridente per colpire la terra e creare un ruscello, mentre Atena creò un ulivo. Atena vinse la gara.

I marinai lo veneravano e corteggiavano il suo favore prima di salpare. Si dice che Poseidone fosse in grado di creare terremoti colpendo il suo tridente sul terreno. Questo aspetto della sua natura lo collegava alla terra, nonostante fosse un dio del mare. Si dice che avesse un palazzo di coralli e gemme, situato sul fondo dell'oceano. Poseidone ha anche generato molti cavalli con varie donne.

Estia

Estia è la più anziana degli Olimpi e dea del focolare. A differenza dei suoi fratelli più irascibili, è considerata pura di cuore e pacifica. Il suo compito era quello di rimanere sul Monte Olimpo e curare il fuoco. Come le sue sorelle, è rappresentata come matrona e modesta. Inoltre, viene spesso raffigurata con un velo e con un bastone. Di solito è raffigurata con dei fiori in mano o in piedi vicino a un fuoco. Il suo status di dea del focolare ne indicava l'importanza nella cultura greca. È associata all'ospitalità, alla felicità e alla comunità e riceveva le prime e migliori offerte. Le offerte venivano fatte all'inizio e alla fine di ogni pasto e il fuoco doveva essere ritualmente spento in suo onore.

Estia era venerata come dea vergine. Si dice che sia Poseidone che Apollo volessero sposarla. Per mantenere la pace nell'Olimpo, pose la sua mano sulla testa di Zeus e giurò di rimanere vergine per sempre. Estia è spesso sostituita da Dioniso nel pantheon.

Afrodite

Afrodite è conosciuta come la dea dell'amore, dell'eterna giovinezza e della bellezza. Ci sono storie contrastanti sul fatto che sia la zia o la sorella di Zeus. Come zia, la sua nascita fu il risultato di Crono che tagliò i genitali del padre Urano e li gettò in mare. Afrodite sorse dalla schiuma di mare su cui era caduta. Come figlia, si dice che sia il risultato della sua unione con la dea Dione.

Si dice che la bellezza di Afrodite fosse così grande che tutti gli dei la desideravano. Per evitare una guerra, Zeus la diede in sposa al dio "brutto" Efesto. L'unione non fu una scelta di Afrodite, che ebbe molti amanti mortali e immortali, come Ermes e Dioniso. Il suo amante più frequente è Ares, dio della guerra. Il suo figlio più famoso è Eros, meglio conosciuto nella mitologia romana come Cupido, che lei mandava spesso a colpire con le sue frecce sia gli dei che gli uomini.

Afrodite è solitamente raffigurata nuda, con il volto e la figura femminile ideale. È considerata al tempo stesso desiderabile e irraggiungibile. È anche nota per essere vendicativa; punisce le donne che si innamorano di Ares, che appare più desiderabile di lei, e gli uomini e le donne che cercano di resistere al suo potere.

Efesto

Efesto è conosciuto come il dio del fuoco e dei fabbri. È considerato brutto. Esistono due storie sulla sua nascita e su come sia diventato zoppo. Una sostiene che sia figlio di Zeus e di Era, che intervenne a favore della madre durante una lite tra i due coniugi. In preda alla rabbia, Zeus lo scagliò dal cielo, spezzandogli le gambe. L'altra storia afferma che Era stessa concepì e partorì Efesto per vendicarsi di Zeus per aver avuto Atena. Inorridita dal suo aspetto deforme, lo gettò nel mondo, spezzandogli le gambe. Fu salvato e protetto dalle ninfe del mare finché non reclamò il suo posto nell'Olimpo.

Nonostante il suo aspetto, Efesto è noto per la creazione di oggetti bellissimi. La sua fucina era un vulcano, e ha realizzato molte delle armi che gli dèi brandivano.

Efesto creava anche le loro case e i loro mobili e aveva assistenti fatti d'oro. Viene tipicamente raffigurato giovane o di mezza età, con i capelli incolti. È anche sposato con Afrodite.

Atena

Atena è conosciuta come la dea della saggezza, della tessitura e della guerra. La sua nascita fu un po' insolita, anche per gli dei. Alla prima moglie di Zeus, Metis, era stato profetizzato un figlio che sarebbe diventato più potente di lui. Per evitare ciò, Zeus ingoiò la moglie. Tuttavia, Metis era già incinta di Atena. Un giorno, Zeus si lamentò di un terribile mal di testa. Suo figlio, Efesto, gli colpì la testa con un martello e ne uscì un'Atena adulta, vestita di un'armatura. Il suo grido era feroce e Zeus era pieno di orgoglio. Era conosciuta come la sua favorita sia per la sua natura feroce, sia perché l'aveva partorita lui stesso.

Atena è spesso raffigurata in armatura o con un abito antico e porta uno scudo con la testa di Medusa al centro. È raffigurata severa, bella e autorevole, con gli occhi grigi. Viene anche raffigurata mentre porta una lancia e indossa un elmo in stile corinzio. Una civetta siede spesso sulla sua spalla, a indicare il suo ruolo di dea della saggezza. Viene anche raffigurata con un fuso in mano, a rappresentare il suo ruolo di dea dell'artigianato.

Nonostante fosse la dea della guerra, Atena non aveva una natura assetata di sangue. Credeva invece nella risoluzione dei problemi attraverso l'intelligenza e la diplomazia, mentre la guerra era l'ultima risorsa. E anche in quel caso, credeva che la guerra dovesse essere combattuta solo per cause nobili e giuste. Viene mostrata come più potente del fratello Ares, anch'egli dio della guerra. Atena è anche conosciuta come la dea vergine, poiché non si sposò mai e non ebbe mai un amante.

Ares

Ares è conosciuto come il dio della guerra. È distruttivo e crudele e si dice che non sia amato da tutti, tranne che da Afrodite. I suoi stessi genitori, Zeus ed Era, lo detestano. A differenza di Atena, si dice che Ares partecipi a guerre inutili e sanguinose. Viene spesso raffigurato con un elmo e armi in mano. Cavalca un carro trainato da quattro cavalli ed è accompagnato da avvoltoi. Si dice che Ares sia codardo e che mostri sdegno per ogni ferita ricevuta. È il padre delle Amazzoni e il principale amante di Afrodite. Nelle storie Ares viene solitamente mostrato umiliato.

Artemide

Artemide è conosciuta come dea della luna, della caccia, della castità e della natura. Artemide è anche nota per curare le malattie delle donne, proteggere i bambini e aiutare il parto. È figlia di Zeus e Leto e sorella gemella maggiore di Apollo. Artemide è ferocemente protettiva nei confronti del suo gemello. Si dice che una gelosa Era abbia maledetto la loro madre affinché non partorisse mai sulla terraferma. Leto partorì su un'isola galleggiante e quando nacque Artemide aiutò la nascita del fratello.

Artemide è una delle divinità più amate e rispettate. È raffigurata come una giovane cacciatrice, con un arco e un cane da caccia al suo fianco. Nel suo ruolo di dea della luna, indossa una corona di luna crescente e una lunga veste. Quando era ancora giovane, chiese a Zeus di poter conservare per sempre la sua verginità. Divenne così ferocemente protettiva nei confronti della sua verginità e di quella delle sue sacerdotesse. Anche gli dei erano protettivi nei confronti della sua verginità e attaccavano chiunque osasse toccarla quando lei non era in grado di difendersi.

Apollo

Apollo è conosciuto come il dio del sole, della profezia, della guarigione, delle arti, della conoscenza, della bellezza, dell'ordine, delle pestilenze, dell'agricoltura e del tiro con l'arco. È il gemello minore di Artemide. Apollo è considerato l'esemplare perfetto di mascolinità. Viene spesso raffigurato giovane e atletico, con una corona di alloro e con un arco e una freccia o una lira. Apollo divenne il dio della musica dopo che suo fratello, Ermes, gli rubò il bestiame. Per scusarsi, Ermes gli regalò la lira, che lui (Ermes) aveva inventato.

Ad Apollo si attribuisce il merito di aver insegnato agli uomini l'arte della guarigione. Gli fu anche concesso il dono della profezia grazie alla sua fedeltà, onestà e integrità. Ebbe molti amanti maschi e femmine, anche se le sue relazioni finivano di solito in tragedia.

Hermes

Ermete era conosciuto come il dio messaggero, il dio dei ladri, delle greggi, dei viaggiatori, degli atleti e del commercio. È figlio di Zeus e della ninfa Maia. Si dice che pochi giorni dopo la sua nascita, Ermete inventò la lira. Poi uscì e rubò le mucche di suo fratello Apollo e coprì le loro tracce. Tuttavia, Apollo gli diede la caccia e lui scambiò la sua lira con le mucche. È noto per essere veloce e intelligente ed è considerato un dio imbroglione. È anche l'unico dei dodici Olimpi a poter viaggiare liberamente tra la terra dei vivi e quella dei morti. Ermete è anche visto come una guida nel mondo sotterraneo. Si dice che Hermes abbia inventato la parola. Gli dei lo amavano e molti di loro gli insegnarono a cacciare e a suonare la pipa. Spesso accompagnava Zeus nei suoi incontri, portava messaggi alle sue amanti e lo copriva con Era.

Hermes è raffigurato come un giovane atletico con sandali alati. Indossa un cappello a tesa larga e porta con sé un caduceo (due serpenti che si avvolgono intorno a un corto bastone alato). Ermete appare in molti racconti come messaggero degli dei e guida degli eroi.

Dioniso

Dioniso è talvolta chiamato il "dio della festa". È il dio del vino e della fertilità. Dioniso sostituisce spesso Estia nel pantheon greco. È figlio di Zeus e di Semele, una donna mortale. Zeus apparve a Semele come un'entità invisibile e lei accolse il suo affetto. Tuttavia, Era la ingannò facendole desiderare di vedere le sembianze di Zeus. Semele, incinta, convinse Zeus con un giuramento a rivelarsi, ma quando lo fece, la sua gloria la trasformò in cenere. Zeus prese il feto e se lo cucì nella coscia finché Dioniso non maturò abbastanza per nascere. Dioniso fu poi ucciso dai Titani che lo fecero a pezzi per ordine di Era. Tuttavia, sua nonna, Rea, lo resuscitò e Zeus lo nascose tra le ninfe della montagna.

Dioniso vagava per la terra, insegnando agli uomini il vino. Era accompagnato da donne selvagge chiamate Menadi. I suoi seguaci entravano spesso in uno stato di estasi religiosa e di follia. Dioniso era venerato insieme a Demetra come una delle principali divinità della terra. Viene raffigurato come un giovane seminudo (o nudo) con tratti femminili. Dioniso fu l'ultimo dio a far parte del pantheon greco. Sposò la principessa mortale Arianna.

Ade

Ade è conosciuto come il dio degli Inferi. È anche indicato come il dio della ricchezza, poiché gemme e metalli preziosi venivano estratti dal terreno. Ade non è considerato uno degli Olimpi, ma è comunque visto come il fratello di

Zeus e degli altri. Gli antichi greci consideravano Ade con riverenza e terrore. Si dice che lasci raramente il mondo sotterraneo e di solito ci si riferisce a lui come a un tutt'uno con il suo regno. È raffigurato come una figura barbuta e addolorata che indossa un elmo e porta un'arma a due punte chiamata bidente. Occasionalmente, porta le chiavi del suo regno o un bastone e cavalca un carro. Cerbero (il cane a tre teste che custodisce la porta degli Inferi) è tipicamente al suo fianco. Per rappresentare il suo status di dio della ricchezza, di solito è raffigurato con una cornucopia.

Il ruolo di Ade nel giudizio e nella punizione era di supervisione. Le torture vere e proprie erano eseguite da creature chiamate Furie. Come Estia, la sua natura differisce da quella dei suoi fratelli. È distaccato e non può essere influenzato dal sacrificio. La sua personalità è immobile come la morte. Gli antichi greci chiamavano Ade "l'altro Zeus". Credevano che alla fine tutti gli uomini finissero per servirlo nel suo regno. Ade interferiva raramente con la terra dei vivi e custodiva gelosamente i suoi morti. Pur difendendo i loro diritti, si arrabbiava facilmente se qualcuna delle sue anime cercava di fuggire o di essere salvata da altri.

I Greci lo temevano e spesso si riferivano a lui con il nome del suo regno. Era raffigurato in pochissime opere d'arte e storie. La storia più famosa che lo riguarda è quella in cui si innamorò e rapì sua moglie, Persefone.

CAPITOLO 2: UOMINI E MOSTRI

La mitologia greca è ricca di storie di eroi, peccatori, streghe e mostri. Tutte queste entità sono fortemente influenzate dagli dei. I figli degli dèi hanno compiuto grandi azioni e grandi crudeltà. Per i loro sforzi, venivano premiati o dannati.

Eracle

Eracle è considerato il più potente eroe greco. È stato a lungo considerato un esempio di forza, coraggio e mascolinità. Secondo la mitologia greca, le sue gesta, la sua dedizione e i suoi trionfi nonostante l'opposizione gli hanno fatto guadagnare un posto tra gli dei. Nonostante le opinioni positive su questo aspetto della sua personalità, Eracle viene raffigurato come irascibile e impulsivo. La sua forza sovrumana è attribuita a Zeus, suo padre. Nelle sue vene scorreva anche il sangue dell'eroe Perseo, attraverso la madre Alcmene (nipote di Perseo). L'essere figlio di Zeus lo portò anche a essere un bersaglio di Era. La dea gelosa tentò più volte di distruggerlo ancor prima che nascesse. La storia più importante di Eracle è quella delle dodici fatiche che gli fu ordinato di compiere come punizione per aver ucciso la prima moglie e i figli. Ma a questa storia arriveremo più tardi!

Perseo

Perseo è considerato uno degli eroi più antichi della mitologia greca. Si dice che fosse figlio della principessa Danae e di Zeus. Si dice che, mentre Danae dormiva, Zeus le apparve sotto una pioggia d'oro e dormì con lei. Il giovane semidio crebbe in relativa pace, finché un re non cercò di sbarazzarsi di lui per avere la madre di Perseo. A Perseo si attribuisce il merito di aver ucciso Medusa con la guida di Atena ed Ermes. Si dice anche che abbia creato le montagne dell'Atlante trasformando il gigante Atlante in pietra.

Eaco

Eaco è considerato uno dei tre giudici degli inferi. Tuttavia, questo ruolo fu assunto dopo la sua morte. Nella sua vita mortale, era il re di Egina. Si dice che Eaco fosse figlio di Zeus e della figlia di un dio fluviale di nome Egina. Zeus portò Egina in una terra disabitata - che in seguito fu chiamata così in suo onore - dove diede alla luce Eaco. Una versione della storia sostiene che l'isola fosse naturalmente priva di uomini, mentre l'altra incolpa Era di aver scacciato gli uomini con una pestilenza. Qualunque sia la causa, Zeus trasformò tutte le formiche in uomini, dando origine alla razza dei Mirmidoni.

Eaco era lodato dal suo popolo come re equo e giusto. Sia gli dei che gli uomini di tutta la Grecia cercavano il suo consiglio. Il suo giudizio era molto rispettato. Per questo motivo, alla sua morte continuò a giudicare negli Inferi.

Achille

Il guerriero Achille era figlio del mortale Peleo, re dei Mirmidoni, e della ninfa Teti. Teti, nel tentativo di rendere Achille invincibile, lo immerse nel fiume Stige.

Per farlo, però, lo tenne per il tallone. Di conseguenza, tutto il suo corpo era invincibile, tranne il tallone, che divenne il suo unico punto debole. Questa storia fece sì che la parte del corpo venisse chiamata "tendine di Achille", un termine che viene usato ancora oggi. Achille è cresciuto nascosto dal mondo e travestito da ragazza durante gli anni della formazione. Tuttavia, alla fine si unì alla guerra di Troia, combattendo al fianco del re greco Agamennone.

Per gran parte dei dieci anni di guerra, Achille fu un fattore critico. Saccheggiò molte città e uccise il principe troiano Troilo. Questo fatto fu importante per i Greci, poiché era stato profetizzato che la città di Troia sarebbe caduta se il principe fosse morto prima del suo ventesimo compleanno. Tuttavia, Achille si allontanò dalla guerra per un certo periodo, poiché il re Agamennone lo insultò prendendosi la sua amante appena catturata. I Greci soffrirono in battaglia per questo motivo e sia il re che il suo amico lo pregarono di rientrare in guerra. Achille rifiutò, finché non ricevette la notizia che il suo amico era stato ucciso in battaglia. Achille, addolorato e infuriato, rientra nella mischia. Tuttavia, Apollo interferì, mandando la freccia del principe Paride (il responsabile dell'inizio della guerra) direttamente nel tallone di Achille. Il colpo uccise il potente guerriero.

Ettore

Ettore era il principe ereditario di Troia e il loro più grande guerriero. Era contrario alla guerra di Troia e cercò di mediare la pace con i Greci. Tuttavia, i suoi sforzi furono vani. Si dice che fosse un uomo buono, figlio, padre, marito e principe. Si dice anche che fosse amato da Apollo. Ettore era noto per i suoi combattimenti valorosi e per il rispetto che portava ai suoi avversari. Purtroppo, fece infuriare Achille dopo aver ucciso l'amico di Achille, Patroclo. I due duellano e Ettore si spaventa e scappa. Tuttavia, alla fine decise di voltarsi e di affrontare il suo destino. Achille lo uccise e trascinò il suo corpo dietro il suo carro per dodici giorni. Alla fine i Troiani lo reclamarono e lo seppellirono con onore.

Teseo

Uno dei primi re di Atene, Teseo era un potente eroe. Era considerato un difensore coraggioso e giusto, l'epitome di un uomo di Atene. Mentre è chiaro che sua madre era la principessa Etra, c'è qualche controversia su chi fosse il suo vero padre. Sebbene sia stato accettato come figlio del re Egeo di Atene, alcuni sostengono che fosse figlio di Poseidone. Teseo è famoso soprattutto per aver sconfitto il minotauro del labirinto.

Jason

A differenza di molti eroi della mitologia greca, Giasone non era un semidio. Era figlio del re Esone e della regina Alcimede. Tuttavia, il suo prozio Pelias rubò il trono. Per tenerlo al sicuro, Giasone fu mandato a vivere in isolamento. A differenza degli eroi figli illegittimi di Zeus, Giasone ottenne l'aiuto di Era. Ella lo guidò durante la sua ricerca del vello d'oro. La missione gli era stata affidata dallo zio, che temeva Giasone a causa di una profezia che gli diceva di guardarsi da qualcuno che corrispondeva alla descrizione di Giasone. Il viaggio di Giasone fu aiutato da un gruppo di uomini e donne coraggiosi chiamati Argonauti. Uno di questi argonauti era l'eroe Eracle. Partirono in nave e superarono molti ostacoli per raggiungere il loro premio.

Odisseo

Odisseo è l'eroe del famoso racconto epico di Omero, l'Odissea. Come Giasone, nacque da genitori mortali, Laerte e Anticlea. Odisseo era coraggioso, pieno di risorse, astuto, carismatico e saggio. Era noto come oratore eloquente, abile stratega e imbroglione. Tuttavia, la sua astuzia si rivelò la sua rovina. Odisseo si presentò come uno dei tanti pretendenti di Elena di Troia. Dopo aver perso le speranze di conquistarla, fornì una soluzione al patrigno di lei su come mantenere la pace tra i pretendenti. Disse al re - patrigno di Elena - di far giurare a ogni pretendente di proteggere chiunque fosse stato scelto come marito di Elena.

Quando Elena fu rubata, Odisseo fu chiamato a combattere come uno dei suoi ex pretendenti. Tuttavia, Odisseo era felice con la moglie Penelope. Era anche a conoscenza di una profezia che affermava che avrebbe affrontato molte prove e sarebbe stato via per molti anni. Cercò di sfuggire al servizio di leva fingendosi pazzo, ma fu scoperto. Alla fine accettò di partecipare alla guerra. Odisseo si dimostrò un formidabile tattico militare e si comportò bene durante la battaglia.

Purtroppo il viaggio di ritorno durò dieci anni. Durante questo periodo, fece arrabbiare Poseidone, incontrò una strega e visse molte avventure pericolose. Quando tornò a casa, vent'anni dopo la partenza, trovò la moglie assediata dai pretendenti. Odisseo li uccise tutti e reclamò il suo trono.

Orfeo

Orfeo era figlio del re Oegrus di Tracia e della musa Calliope. Il sangue materno lo rese un abile e famoso poeta, musicista e profeta. Padroneggiò la lira sotto la tutela di Apollo. Era così abile che la natura danzava sulla sua musica. Orfeo fu uno degli Argonauti e fu la sua musica a salvarli dalle Sirene. In seguito incontrò e sposò Euridice. Purtroppo, la donna entrò in un nido di vipere e morì dopo essere stata morsa. Orfeo non riuscì ad accettare la sua morte e viaggiò fino agli inferi, suonando la sua musica per tutto il viaggio. Incantò Caronte e addormentò Cerbero. Persefone fu entusiasta della sua devozione e della sua musica e convinse Ade a dargli la possibilità di salvare sua moglie. Ade accettò a condizione che Orfeo conducesse Euridice fuori dagli inferi senza voltarsi indietro. Purtroppo Orfeo cedette alla tentazione ed Euridice fu riportata negli inferi. Orfeo fu costretto a vivere senza di lei, ma alla fine si riunirono alla sua morte.

Chirone

Chirone era figlio di un titano, il primo centauro e fratellastro di Zeus. Suo padre, Crono, fu infedele alla moglie Rea e andò a letto con la ninfa Philyra. Per sfuggire all'ira di Rea, Crono si trasformò in un cavallo. Chirone nacque così metà uomo e metà cavallo. A differenza degli altri centauri, le sue zampe anteriori erano umane. Era anche gentile, colto e civilizzato, mentre gli altri centauri erano violenti e inclini all'indulgenza. Chirone era famoso per la sua saggezza e capacità di insegnamento. Istruì eroi come Eracle, Achille e Giasone. La sua immortalità fu persa quando fu accidentalmente colpito da una freccia avvelenata da Eracle. Sanguinante e dolorante, rinunciò alla sua immortalità per liberare Prometeo, su richiesta dello stesso studente che lo aveva colpito.

Caronte

Caronte era conosciuto come il traghettatore dei morti e il figlio di Nyx e di Erebus. Si diceva che quando Ermes raccoglieva le anime dei morti, le scortava fino ai fiumi Acheronte e Stige. Caronte le avrebbe poi traghettate nel mondo sotterraneo. Per ogni anima chiedeva una moneta per trasportarla. Gli antichi greci si assicuravano di lasciare questa moneta ai loro morti, poiché si riteneva che Caronte si rifiutasse di trasportare chi non fosse in grado di pagare il suo compenso. Queste persone vagavano per il mondo come fantasmi. Caronte è descritto come molto brutto, con il naso storto e la barba. Indossa un cappello conico e viene spesso raffigurato mentre governa la sua barca.

Prometeo

Prometeo è figlio del titano Iapeto e della ninfa Climene. Era conosciuto come il dio del fuoco e il primo e ultimo ingannatore. Era molto intelligente e un artigiano. Nella lotta tra gli Olimpi, Prometeo si unì agli dei più giovani e ideò il piano che portò alla sconfitta dei Titani. In seguito, però, sfidò gli dei e donò all'uomo la conoscenza del fuoco. Per punizione, Zeus lo incatenò e fece banchettare un'aquila con il suo fegato sempre rigenerato. Alla fine fu liberato da Eracle e fece pace con Zeus.

Atlante

Atlante era il fratello di Prometeo e il figlio di Iapeto e Climene. Fu il capo della ribellione dei Titani e fu punito da Zeus a sostenere per sempre il cielo. Atlante fu brevemente liberato da questo compito da Eracle, che lo ingannò facendogli sostenere ancora una volta il cielo sulle sue spalle. Alla fine, l'eroe Perseo usò la testa di Medusa per trasformare Atlante in pietra. Divenne così noto come Monte Atlante.

Tifone

Il figlio di Tartaro e Gaia era un essere temibile e il padre di tutti i mostri. Viene descritto come un essere alto tanto da toccare le stelle e con un busto umano. Tifone aveva cento gambe e braccia di vipera e teste di drago. I suoi occhi brillavano di rosso e aveva centinaia di ali. La sua testa umana aveva orecchie a punta e una barba incolta. Tifone aveva la pelle nera ed era completamente sporco. Si dice che alcune delle sue teste fossero di animali diversi, come tori e cinghiali. Le spire delle sue mani si estendevano da est a ovest e dalla sua bocca usciva fuoco. La sua nascita è talvolta attribuita a Era, che si dice volesse creare un essere più potente di Zeus. Tuttavia, Tifone fu sconfitto da Zeus e gettato negli Inferi.

Era sposato con Echidna e insieme hanno avuto diversi figli, tra cui la Sfinge, Cerbero, Idra e Chimera. Tifone è associato alle forze vulcaniche e ai venti pericolosi.

Echidna

La moglie di Tifone era descritta come avente la parte superiore del corpo di una donna, mentre la parte inferiore era quella di un serpente. I racconti sulle origini di Echidna sono poco chiari. Alcuni affermano che fosse figlia di Gaia e del Tartaro, mentre altri dicono che i suoi genitori fossero Ceto e Phorcys. Echidna era associata alla corruzione della terra (marciume, malattie, acque sporche, melma). Era nata e cresciuta in una grotta e mangiava i viaggiatori di passaggio. Sia Echidna che suo marito, Tifone, erano tenuti in soggezione e terrore dagli antichi greci.

Le Sirene

Le Sirene sono figlie di una Musa e di Acheloo, il dio del fiume. Venivano descritte come una combinazione di donne e uccelli. Mentre i loro volti erano umani, i loro corpi erano quelli degli uccelli. La loro trasformazione da ninfe a uccelli è stata attribuita a Demetra. Un racconto afferma che aiutarono Demetra nella sua ricerca di Persefone e come ricompensa ricevettero le ali per volare. Altre storie suggeriscono che si trasformarono in uccelli come punizione.

Le sorelle vivevano su tre isolette rocciose con i cadaveri in decomposizione delle loro vittime sparsi in giro. Cantavano i marinai di passaggio verso la morte. Il loro canto era incantevole, ma non era all'altezza delle Muse, che vinsero una sfida canora contro di loro e poi strapparono loro le piume per trasformarle in corone. Si profetizzò che sarebbero morte se un mortale fosse sopravvissuto al loro canto. Gli Argonauti riuscirono a sfuggire loro quando l'eroe, Orfeo, annegò il loro canto suonando la sua musica. Le sirene sopravvissero a questo incontro, ma furono sconfitte da Odisseo, che fece tappare loro le orecchie con la cera dai suoi marinai e lo legò all'albero della sua nave mentre navigava davanti alla loro casa. Le sirene si gettarono nella morte.

CAPITOLO 3: LA CREAZIONE DEGLI DEI E DEGLI UOMINI

Come tutte le religioni, anche i Greci avevano le loro storie sull'origine del mondo. Per loro, l'universo che conoscevano era il risultato di una nascita, del caos e della guerra.

All'inizio

Il mondo ebbe inizio con il vasto nulla del Caos. Dal Caos sorsero i primi due dei primordiali, Erebus e Nyx. Entrambi erano esseri dell'oscurità e del silenzio, ma da loro nacquero Eros (l'amore), Aether (l'aria superiore) ed Hemera (il giorno). Tuttavia, tutti temevano Nyx e la evitavano. Non amata da tutti, tranne che da suo fratello, partorì dei figli da sola, in modo da avere una famiglia che la amasse. I nomi di alcuni di questi figli erano Thanatos (morte), Ker (sventura), Geras (vecchiaia), Hypnos (sonno), Oneiroi (sogni), Oizus (dolore) e molti altri.

Il Caos partorì di nuovo e nacquero Gaia, la terra, e il Tartaro, il mondo sotterraneo. Da sola, Gaia partorì Urano (il cielo). La terra e il cielo si accoppiarono e diedero vita ai dodici Titani, ai tre Ciclopi e alle tre Ecatonarchie. Ma Urano non amava i suoi figli. Al contrario, li imprigionò nel profondo del grembo di Gaia. In preda alla rabbia, Gaia cercò di istigare i suoi figli contro il marito. Tutti, tranne il più giovane, Crono, erano troppo spaventati. Prendendo la grande falce che sua madre aveva forgiato, tagliò i genitali di suo padre mentre stava per dormire con sua madre. Il sangue della castrazione cadde sulla terra e generò le Erinni, le Ninfe del Frassino (le Meliae) e i giganti. Quando i suoi genitali caddero in mare, si dice che nacque Afrodite, la dea dell'amore. Questo atto separò il cielo dalla terra e Urano scomparve. Quando se ne andò, promise che i Titani avrebbero fatto una grande resa dei conti per ciò che Crono aveva fatto.

Come nuovo sovrano dell'universo, Crono imprigionò le Ecantoncheire e i Ciclopi. Poi sposò sua sorella, Rea. Sotto il loro dominio, i Titani fiorirono e si riprodussero. Da loro nacquero le ninfe, gli dei dei fiumi, il sole, la luna, l'alba e molti altri. Ma le parole di Urano non potevano essere smentite. Fu fatta una profezia secondo cui Crono sarebbe stato ucciso da uno dei suoi figli. Per evitare ciò, Crono inghiottì ciascuno dei suoi figli quando nacquero. Ade, Estia, Demetra, Era e Poseidone furono tutti strappati alla madre e divorati. Come Gaia, anche Rea era furiosa per ciò che era stato fatto ai suoi figli e cercò di vendicarsi. Si nascose quando fu il momento di dare alla luce il suo sesto figlio, Zeus, e lo affidò alle ninfe. Poi avvolse una pietra e la diede a Crono perché la ingoiasse. Il dio lo fece e se ne andò, pensando di aver evitato la catastrofe.

Cresciuto da una ninfa e da una capra, Zeus divenne un giovane uomo forte e cercò Metis (saggezza). Con la sua guida, escogitò un piano per sconfiggere il padre. Metis preparò un vino che avrebbe fatto vomitare il dio e Zeus si travestì da coppiere del padre. Dopo essersi guadagnato la fiducia di Crono, Zeus gli passò quello che Crono pensava fosse il suo vino preferito. Crono vomitò Omphalos, detto l'Ombelico, e i suoi cinque figli. Per gratitudine, i figli riconobbero Zeus come loro capo, nonostante fosse il più giovane.

Ma la minaccia del padre rimaneva. Egli era diventato debole con l'età, ma cercò l'aiuto dei suoi fratelli, i Titani. I Titani temevano i nuovi dèi e si schierarono contro di loro al comando di Crono. Per oltre un decennio si combatté un'aspra battaglia, con i Titani che ottennero molte vittorie. Questa guerra decennale divenne nota come Titanomachia. I Titani erano guidati da Atlante e combattevano dalla loro casa sul Monte Othrys. Tuttavia, non tutti erano d'accordo con il desiderio del dio più anziano di governare. Due Titani, Prometeo e Temide, si schierarono con gli dei più giovani. Con la guida di Gaia, contribuirono a ribaltare la situazione in favore degli Olimpi.

Gaia guidò Zeus a recarsi negli inferi e a liberare le Ecantoncheire e i Ciclopi. In questo modo i suoi figli furono finalmente liberi e si unirono alla battaglia. Prometeo progettò il piano che portò alla vittoria. Gli Olimpi ingaggiarono i Titani mentre le Ecantonarie tendevano un'imboscata. Zeus attirò i Titani nella loro trappola con una ritirata strategica. Le Ecantoncheire fecero piovere massi sulle teste dei Titani fino a farli fuggire. Zeus rivendicò il trono dell'universo ed esiliò i Titani, rinchiudendoli nel Tartaro. Atlante, invece, fu costretto a reggere il cielo sulle sue spalle per l'eternità. Questo pose fine alla Titanomachia, ma non fu davvero la fine. Ancora una volta indignata per la prigionia dei suoi figli, Gaia diede alla luce il terrificante Tifone. Usando le sue saette, Zeus lo sconfisse in battaglia e lo sigillò sotto terra. Si dice che ringhi sotto il vulcano Etna, in attesa del momento in cui risorgerà per affrontare Zeus.

Le età degli uomini

Con l'ascesa e il declino degli dèi, anche quelli che avevano creato. I Greci credevano che ci fossero cinque grandi epoche dell'uomo e della sua evoluzione. Mentre Crono regnava, creò l'uomo e lo rese perfetto. Il popolo viveva in un'eterna primavera e invecchiava all'indietro. Morire era come addormentarsi e allora vagavano sulla terra come fantasmi. Gli uomini vivevano come dei e non conoscevano dolore, pena e fatica. Gli dei provvedevano a ogni loro necessità e tutto era pacifico. Era un'epoca di bellezza e perfezione che si concluse con l'ascesa degli Olimpi.

Il mondo entrò quindi nell'era dell'argento, dove Zeus diminuì l'aspetto e la saggezza dell'uomo e creò le quattro stagioni dell'anno. L'uomo non camminava più di concerto con gli dei ed era costretto a lavorare e a creare rifugi. Nonostante ciò, i bambini mantennero la loro innocenza e furono liberi di divertirsi per i primi cento anni della loro vita. Tuttavia, gli uomini non onoravano più gli dei come un tempo e Zeus si infuriò. Fece in modo che la morte facesse parte della loro vita e decretò che, al momento del trapasso, sarebbero scesi negli Inferi come spiriti benedetti.

La fatica e l'agitazione aumentarono con l'età del bronzo. Zeus usò il frassino per formare l'uomo. Questi uomini erano terribili e duri. Mangiavano soprattutto carne e si facevano la guerra tra loro. Le loro case e le loro armi erano fatte di bronzo e la lotta consumava la loro intera esistenza. Erano senz'anima e dopo la morte languivano negli Inferi. Alla fine, un grande diluvio spazzò via la terra da loro.

Poi arrivò l'Età degli Eroi. Pandora aveva avuto una figlia di nome Pirra, che aveva sposato il figlio di Prometeo, Deucalione. Furono gli unici sopravvissuti al diluvio e crearono gli uomini dalle pietre per ripopolare la terra. In questo periodo abbondarono i semidei e l'uomo compì grandi imprese. Fu nell'Età degli Eroi che l'uomo si avvicinò maggiormente a ciò che era prima. Eroi come Achille, Eracle e molti altri ispirarono i loro simili e condussero il loro popolo alla vittoria sui nemici con il favore e l'aiuto degli Olimpi. Tuttavia, molti di questi eroi morirono in guerra o a causa delle loro azioni e della loro arroganza. Gli uomini e le donne coraggiosi e che onoravano gli dei, alla loro morte entravano nel paradiso, l'Eliseo. Gli ingiusti e i bestemmiatori venivano puniti negli Inferi.

Infine, c'è stata l'età del ferro. La distanza tra Dio e l'uomo fece soffrire l'uomo. Essi divennero sempre più egoisti, avidi e doppiogiochisti. I fratelli si rivoltarono contro i fratelli e scomparve ogni pretesa di osservare la legge. Le virtù e gli stessi dei furono abbandonati. In risposta, gli dei lasciarono la terra alla loro sofferenza. E così, l'uomo continua a vivere nella fatica e nella miseria, finché Zeus non distruggerà finalmente la razza umana e ricomincerà da capo.

Prometeo e Pandora

Quando l'Età dell'Oro finì, gli uomini divennero molto scontenti degli dei. Mormorarono contro di loro e insegnarono ai loro figli a fare lo stesso. In preda alla rabbia, Zeus tenne loro nascosta la conoscenza del fuoco. L'umanità non poteva sopravvivere senza questa conoscenza e quindi la loro stessa esistenza era minacciata. Il titano Prometeo vide la loro sofferenza e simpatizzò con loro. Rubò uno dei fulmini di Zeus e lo usò per insegnare all'uomo il fuoco. Zeus si infuriò e incatenò Prometeo a una roccia. Le punizioni di Prometeo furono molte. Le tempeste si abbatterono su di lui e il sole gli bruciò la carne. Ogni giorno appariva un'aquila per mangiare il suo fegato, che si sarebbe rigenerato ogni giorno. Prometeo subì questo destino per mille anni.

Ma la rabbia di Zeus non si placò. Decise che anche l'uomo doveva essere punito per ciò che era stato fatto. Fu così che venne creata la prima donna. Fu plasmata dall'argilla da Efesto e dotata di femminilità da Afrodite. Atena le insegnò l'artigianato, mentre Ermes le insegnò la curiosità e l'inganno. Gli dei la chiamarono Pandora e la considerarono la perfezione umana.

Le diedero anche un barattolo - poi chiamato scatola - di "regali speciali". Tuttavia, la avvisarono di non aprirlo mai. La ragazza fu quindi affidata a Epimeteo, che era il fratello di Prometeo. Nonostante l'avvertimento del fratello di non accettare mai doni dagli dei, Epimeteo si innamorò della bellezza di Pandora e la sposò. All'inizio Pandora cercò di essere forte e di tenere il vaso chiuso come le avevano consigliato gli dei. Tuttavia, la sua curiosità ebbe la meglio e aprì il vaso. I risultati furono devastanti. La morte, la malattia, l'invidia, le lotte e molte altre cose fuggirono per riempire la terra e portare dolore e angoscia all'uomo. Quando Pandora vide i mali che fuggivano, chiuse di scatto il vaso. Ma era troppo tardi. Tutto era fuggito e solo la speranza era rimasta intrappolata all'interno. Questo era un disegno di Zeus, che voleva che gli uomini soffrissero per la loro mancanza di rispetto verso gli dei.

CAPITOLO 4: PERSEO

Ad Acrisio, re di Argo, l'oracolo di Delfi aveva detto che sarebbe stato ucciso da suo nipote. Ora, Acrisio aveva sottratto l'eredità al fratello gemello. La sua ambizione era grande e non aveva intenzione di rinunciare alla sua vita o al suo regno, così rinchiuse sua figlia Danae in una camera di bronzo sottoterra, lontano da qualsiasi uomo che potesse sedurla. La camera non aveva finestre e il re pensava di essere al sicuro dalla profezia. Tuttavia, la sua bellezza attirò l'attenzione di Zeus. Trasformandosi in una pioggia d'oro, si infilò nella camera attraverso una fessura del tetto e dormì con lei. Danae rimase incinta, ma riuscì a tenerlo nascosto al padre che la visitava raramente. Quando finalmente arrivò, lei aveva già partorito. Acrisio si infuriò. Si rifiutava di credere che fosse stata visitata dal Padre degli Dei. Quando Danae partorì, il re chiuse lei e il suo bambino in una cassa di legno e li fece gettare in mare.

Ma gli dei presero nota e li guidarono attraverso acque turbolente fino all'isola di Serifo. Il fratello del re dell'isola, Dictys, stava pescando e il petto rimase impigliato nella sua rete. L'umile pescatore e principe portò i due nella sua casa e allevò Perseo come se fosse suo. Dictys sapeva come i due sarebbero stati visti dai Serpenti e dal loro re, così li nascose da occhi indiscreti. Passarono diversi anni prima che qualcuno venisse a conoscenza della loro esistenza. Suo fratello, il re Polidectes, si innamorò perdutamente di Danae. La corteggiò con parole e doni, ma la principessa timida e riservata rifiutò il suo corteggiamento. L'orgoglioso re si rifiutò di accettare un no come risposta. Vedeva il figlio di lei, Perseo, come un ostacolo all'ottenimento di ciò che voleva e così decise di sbarazzarsi di lui. Se

Perseo se ne fosse andato, ragionò, non ci sarebbe stato nessuno a impedirgli di prendere Danae.

Così Polidete escogitò un piano. Finse un fidanzamento con Ippodamia, principessa di Pisa. In onore di questo fidanzamento, tutti gli abitanti di Serifo dovevano regalargli un cavallo. Tuttavia, Perseo veniva da una terra straniera. Non aveva cavalli né denaro per comprarne uno. Il suo orgoglio lo spinse a offrire qualcos'altro.

"Chiedimi qualcosa, re Polidectes", disse. "E io te la porterò".

Questo fece sorridere il re Polidectes. L'offerta di Perseo era esattamente ciò che intendeva fare.

"Invece di un cavallo, portatemi la testa di Medusa", dichiarò.

Medusa era una Gorgone, nipote di Gaia. A differenza delle altre mostruose sorelle, era una bellissima mortale. Poseidone rimase talmente colpito dalla sua bellezza che andò a letto con lei nel tempio di Atena. La dea ne fu indignata e trasformò Medusa in un essere orrendo. I suoi capelli, un tempo belli, divennero serpenti e il suo sguardo trasformò gli uomini in pietra. Le spuntarono zanne e zanne e divenne la più brutta delle sue sorelle. Polidete credeva che mandare Perseo a cercarla avrebbe condannato il giovane alla morte. Tuttavia, egli sarebbe stato esente da colpe. Dopo tutto, Perseo si era offerto di portare al re tutto ciò che desiderava.

Perseo sapeva quanto fosse pericolosa questa missione, ma non poteva rifiutare. Aveva dato la sua parola. Così partì alla ricerca di Medusa. Vagò per la terra senza successo e alla fine si abbandonò alla disperazione. Vedendo la sua situazione, due divinità ebbero pietà di lui e gli apparvero. La femmina era alta, con gli occhi grigi e solenne, mentre il maschio era malizioso e indossava sandali alati.

"Io sono Atena e lui è Ermes", spiegò la donna. "Siamo venuti ad aiutarti nella tua ricerca".

"Per trovare Medusa, dovete cercare le sue sorelle, le Graie; vi diranno dove andare", disse Hermes.

Ermes gli regalò una spada e Atena il suo scudo. Così armato, Perseo si mise in cammino per fare ciò che gli avevano consigliato. Trovò la grotta delle Graie e vi sbirciò dentro. Le sorelle avevano capelli grigi e spessi e condividevano un solo dente e un solo occhio. Perseo rimase in attesa finché una di loro non estrasse l'occhio per passarlo a un'altra. Si alzò immediatamente e strappò l'occhio.

"Non ve la restituirò finché non mi direte dove posso trovare Medusa", disse loro.

Hanno acconsentito. "Vai dalle Ninfe Stige, ti condurranno da lei". Oltre alle indicazioni, gli diedero il mantello dell'invisibilità di Ade, i sandali alati e una borsa magica per contenere i morti di Medusa - anche se alcune versioni del racconto suggeriscono che questi oggetti furono invece dati a Perseo da Atena ed Ermes. In ogni caso, Perseo ora sapeva dove andare ed era ben armato. Ricambiò il loro sguardo e proseguì per la sua strada.

Le ninfe gli rivelarono la posizione di Medusa. Trovò lei e le sue sorelle che dormivano in una grotta. Perseo usò il suo scudo come riflesso per evitare di guardare negli occhi il mostro trasformato in mortale. I sandali alati lo rendevano rapido e silenzioso, mentre il berretto lo rendeva invisibile. Atena, ancora arrabbiata con Medusa, guidò la sua mano. Con un solo colpo, Perseo tagliò la testa di Medusa e la mise nel sacco. Tuttavia, la Gorgone era stata ingravidata da Poseidone. Dal suo collo nacquero i suoi figli: il guerriero d'oro Crisaore e il cavallo alato Pegaso. Il rumore della loro nascita svegliò le altre due Gorgoni. Vedendo la sorella morta, si lamentarono e cercarono di attaccare Perseo. Tuttavia, egli era invisibile e non riuscirono a colpirlo. Le loro grida erano così forti e luttuose che persino la vendicativa Atena si commosse. Creò il doppio tubo - l'aulos - per imitare il loro pianto.

Dopo aver portato a termine la sua missione, Perseo iniziò il suo viaggio verso casa. Dopo molto tempo, giunse dove Atlante reggeva il cielo sulle sue spalle. Esausto e assetato, chiese al Titano cibo e riparo per la notte. Ma ad Atlante era stato detto che un giorno qualcuno sarebbe venuto a ingannarlo e a rubargli le mele. Per paura di questa profezia, rifiutò di aiutare Perseo. In preda alla rabbia, Perseo tirò fuori la testa di Medusa. Uno sguardo trasformò il gigante in pietra. Perseo rimise la testa nel sacco e proseguì.

Il suo cammino lo portò attraverso l'Etiopia, dove vide uno spettacolo che lo sconvolse. Una bellissima giovane donna era incatenata a una roccia in riva al mare. Perseo se ne innamorò profondamente. Scoprì che si trattava della principessa Andromeda e si recò dal padre, il re Cefo, per chiedere la sua mano. Ma la principessa era una vergine sacrificata per salvare il popolo. Sua madre, la regina Cassiopea, aveva dichiarato che era più bella delle ninfe del mare, chiamate Nereidi. Queste ninfe erano le guardiane di Poseidone e si lamentavano con lui in preda all'ira. Poseidone ascoltò le loro lamentele e mandò il mostro marino Cetus a flagellare le coste dell'Etiopia. Disperato, il re Cefo si rivolse a Zeus per chiedere aiuto. Il dio gli disse che l'unico modo per liberarsi era incatenare l'innocente Andromeda a una roccia. Questo fecero, e ora aspettavano che il mostro la prendesse.

Dopo aver ascoltato la storia, Perseo fece un accordo con il re. Avrebbe salvato la principessa e in cambio il re avrebbe dato il suo consenso al matrimonio. Il re Cefo accettò. Perseo tornò in mare e aspettò la comparsa di Cetus. Il mostro emerse dal mare, sbavando in attesa del suo pasto. Come aveva fatto con Medusa, Perseo gli tagliò la testa e liberò la principessa. Il re Cefo rispettò l'accordo e fu felice di avere un genero coraggioso.

Tuttavia, suo fratello Fineo non era contento. Inizialmente gli era stata promessa la mano di Andromeda e sentiva di meritare di averla ora che non sarebbe più stata sacrificata. Riunendo i suoi alleati, sfidò il re. Ciò fece arrabbiare Perseo, che non solo era innamorato di Andromeda, ma non credeva che chiunque si fosse allontanato e avesse permesso che venisse sacrificata avesse diritto a lei. Disse al re Cefo e ai suoi alleati di guardare altrove e poi tirò fuori la testa di Medusa. Tutti coloro che ascoltarono il suo avvertimento furono risparmiati, ma Fineo e i suoi compagni furono trasformati in pietra. Perseo e Andromeda erano ora liberi di sposarsi. Lo fecero felicemente e Perseo tornò a casa con la sua nuova moglie.

Infine, giunse all'isola di Serifo. Lì apprese dal padre adottivo Dictys che sua madre era perseguitata da Polydectes nonostante i suoi numerosi rifiuti. Queste molestie nei confronti della madre lo mandarono su tutte le furie. Si precipitò a palazzo e interruppe il banchetto che il re Polidete stava tenendo con i suoi servitori. Ancora una volta, tirò fuori la testa di Medusa e tutti i presenti nella sala da pranzo si trasformarono in pietra. Furono congelati nell'atto di mangiare e Danae fu finalmente libera. Perseo mise Dictys sul trono come re di Serifo.

A questo punto Perseo era venuto a conoscenza della sua eredità. Lui, sua moglie e sua madre si recarono ad Argo per fare pace con il re Acrisio. Suo nonno venne a sapere della sua venuta e ricordò la profezia secondo cui uno dei suoi nipoti lo avrebbe ucciso. Temendo la sua vita, il re fuggì. Perseo e la sua famiglia vennero presto a conoscenza della partenza di Acrisio e proseguirono il loro cammino. Durante il viaggio, il giovane eroe sentì parlare di una competizione sportiva e vi si recò per gareggiare. Il suo lancio del disco fu così potente che volò tra il pubblico e colpì un vecchio, uccidendolo. Perseo venne a sapere che l'uomo che aveva appena ucciso era suo nonno.

Il trono di Argo passò a Perseo dopo la morte del nonno. Perseo rifiutò per vergogna e senso di colpa e seppellì il vecchio re. Si recò da suo cugino, il re Megapenthes, e gli propose uno scambio: lui avrebbe governato Tirinto - che era il regno di Megapenthes - e Megapenthes avrebbe governato Argo. Il re accettò l'accordo e i due si scambiarono i regni. Perseo visse felicemente con Andromeda. Ebbe molti figli e alla fine fondò il regno di Micene.

CAPITOLO 5: LA VITA E LE FATICHE DI ERACLE

La prima vita del più grande eroe greco

Il potente eroe Eracle fu un altro prodotto dell'occhio meravigliato di Zeus. Il dio desiderava la regina Alcmene, nipote di Perseo, e andò a letto con lei travestito da suo marito Anfitrione. Tuttavia, anche il marito andò a letto con lei quella notte e lei rimase incinta di due gemelli. Era venne a sapere di questa infedeltà e si infuriò. Escogitò un piano per punire Zeus e distruggere il bambino.

Quando nacquero i gemelli, la donna non riuscì a capire quale fosse il figlio bastardo del marito. Mandò due serpenti nella culla dove i bambini giacevano insieme. Entrambi i bambini reagirono in modo diverso. Iphicles, il gemello di Eracle, pianse mentre Eracle strangolava entrambi i serpenti senza esitazione, dimostrando di essere figlio di Zeus. Da quel momento in poi, Era concentrò su di lui la sua rabbia gelosa.

Sua madre, Alcmene, temeva l'ira di Era e prese la difficile decisione di abbandonare il figlio in un campo. Ma Zeus mandò Atena a intervenire. La dea della saggezza portò il bambino a Era e le disse che aveva salvato uno strano bambino. Nonostante la sua natura vendicativa, Era era ancora una madre. Prese Eracle e lo allattò al seno. Ma il piccolo Eracle era forte e impaziente e morse troppo forte il capezzolo. Il dolore fece sì che Era lo allontanasse e il suo latte schizzò fuori, creando la Via Lattea. Atena prese il bambino e lo presentò ad Alcmene e

Anfitrione. Il re e la regina capirono che gli dei avrebbero protetto Eracle e lo tennero volentieri.

Eracle divenne un giovane uomo forte, orgoglioso e appassionato. Chi lo circondava gli insegnò il tiro con l'arco, il pugilato, la lotta, a guidare i carri, la scrittura, la musica e la scherma. Il centauro Chirone gli insegnò la saggezza. Da bambino Eracle non si fece mancare nulla ed eccelleva in tutto ciò che faceva. Il suo primo atto eroico avvenne quando il leone Tespio predò le mandrie di Anfitrione e del suo vicino, il re Tespio. Eracle tirò su da terra un albero di ulivo e lo trasformò in una clava. Con la clava in mano, diede la caccia al leone per cinquanta giorni e lo uccise.

Il re Tespio era in soggezione per la forza e il coraggio del giovane principe che aveva appena raggiunto l'età adulta. Decise che il suo regno sarebbe stato forte se tutte le sue figlie avessero partorito figli di Eracle. Tespiro accolse Eracle nella sua casa con onore. Per le cinquanta notti in cui Eracle cercò il leone, il re Tespizio mandò ciascuna delle sue figlie a dormire con il giovane eroe. Eracle non era in grado di distinguere le cinquanta sorelle. Credeva di dormire ogni notte con la stessa. Tutte e cinquanta le principesse concepirono e partorirono i suoi figli.

Dopo le avventure con il leone e le principesse, Eracle continuò il suo viaggio verso casa. Sulla sua strada, incontrò gli Ermellini del re Erginus. Ora Erginus era furioso con i Tebani a causa dell'assassinio di suo padre. Entrò in guerra con Tebe e uccise molti dei suoi abitanti. Poi li costrinse a stipulare un trattato che imponeva loro di pagargli cento buoi all'anno per vent'anni. Fu durante la riscossione annuale di questo tributo che Eracle incrociò gli Eracle. Una volta appreso il loro scopo, tagliò loro le mani, le orecchie e il naso. Poi li legò al collo e li rimandò al loro re.

"Questo è il tributo", disse loro, "Portate questo al re Erginus".

Ciò fece arrabbiare ulteriormente il re, che radunò il suo esercito e marciò contro Tebe. Eracle lo affrontò in battaglia e lo sconfisse. La difesa di Tebe da parte di

Eracle fece sì che il re Creonte, riconoscente, desse in moglie a Eracle la figlia Megara. I due si sposarono ed ebbero diversi figli.

Ma Era aveva osservato e aspettato il momento giusto. Vedendo Eracle felice e acclamato come eroe, decise ancora una volta di distruggerlo. Questa volta lo colpì con la follia. Eracle si perse e uccise la moglie e i figli. Quando riprese i sensi, era devastato. Decise di uccidersi per il senso di colpa e la disperazione, ma Teseo, suo cugino, lo convinse a non farlo.

"Il suicidio è la via d'uscita dei codardi", gli disse Teseo. "Molto meglio vivere ed espiare i propri peccati".

Così, Eracle si recò dall'Oracolo di Delfi per sapere cosa avrebbe dovuto fare per dimostrare il suo pentimento per i crimini commessi e per fare ammenda. L'Oracolo lo mandò da suo cugino, il re Euristeo.

Le dodici fatiche di Eracle

Come punizione, l'oracolo disse che Eracle doveva essere il servo di Euristeo per dodici anni. Se durante questo periodo avesse portato a termine dieci fatiche, gli sarebbe stata concessa l'immortalità. Eracle considerava suo cugino inferiore a lui e non era contento di ciò che gli era stato detto di fare, ma si adeguò a ciò che aveva detto l'Oracolo. Anche il re Euristeo era in contrasto con il cugino. Il re complottò con Era per uccidere Eracle. Con gioia diede a Eracle il suo primo compito.

Il re Euristeo dichiarò che Eracle avrebbe dovuto liberare Nemea da un leone mostruoso. Figlio di Tifone e di Echidna, il leone di Nemea terrorizzava Nemea. Il leone prese in ostaggio molte donne, spingendo uomini coraggiosi a tentare di salvarle. Tuttavia, chiunque entrasse nella grotta del leone per liberare gli ostaggi veniva ucciso e mangiato.

Eracle incontrò un ragazzo mentre si recava a completare la sua prima fatica. Il ragazzo gli chiese di uccidere il leone.

"Un leone sarà sacrificato a Zeus se la bestia sarà uccisa entro un mese", disse il ragazzo, "altrimenti mi sacrificherò io stesso".

Eracle accettò la richiesta del ragazzo e procedette alla caccia del leone. Quando lo trovò, lo riempì di frecce. Purtroppo, la pelle non poteva essere perforata da nessun oggetto appuntito. Eracle decise allora di seguire il leone fino alla sua casa. Lì bloccò un ingresso e si intrufolò dall'altro. Per trovare il leone, dovette muoversi nel buio e, una volta trovato, lo stordì con la sua clava. Eracle usò poi le mani nude per strangolare il leone fino alla morte. La pelle invincibile del leone lo impressionò a tal punto che decise di usarla come armatura. Tuttavia, non aveva modo di rimuoverla, finché Atena non lo guidò a usare gli artigli del leone per scuoiare la bestia. Eracle si rivestì della pelle del leone, ne usò lo scalpo come elmo e tornò a casa.

Nonostante fosse l'alto re di due paesi e il nipote del grande eroe Perseo, Euristeo era debole e codardo. Fuggì all'avvicinarsi del cugino, pensando che il leone fosse venuto a vendicarsi di lui. Tuttavia, ben presto si rese conto che era Eracle a indossare la pelle del leone e lo inviò al suo secondo compito.

Questa volta, a Eracle fu chiesto di uccidere l'Idra di Lerna. Era aveva allevato il mostro in una palude velenosa affinché un giorno uccidesse Eracle. La bestia aveva una testa immortale e otto mortali, per un totale di nove teste. Eracle si coprì la bocca e il naso per evitare il veleno della palude e attirò l'attenzione dell'idra lanciando frecce infuocate vicino alla sua tana. La bestia caricò e lo attaccò, ma Eracle riuscì a tagliare diverse teste. Tuttavia, il giovane eroe si rese presto conto che per ogni testa tagliata, ne crescevano altre due dai monconi. Eracle si sarebbe arreso alla disperazione, ma non era solo. Suo nipote Iolao (figlio del fratello gemello di Eracle) era con lui e il giovane era amato e benedetto da Atena. La sua saggezza lo guidò nell'elaborazione di un piano. Iolao seguì Eracle con una torcia e bruciò i ceppi ogni volta che Eracle tagliava una delle teste dell'idra. Il suo stratagemma funzionò e il mostro cominciò a vacillare.

Ma Era non aveva finito. Inviò un granchio gigante nella mischia. Eracle non vacillò. Con un solo colpo di piede, distrusse la creatura. Alla fine rimase solo la testa immortale dell'idra. Eracle la tagliò con una spada d'oro donata da Atena. Iolao bruciò il moncone e l'idra morì. Sapendo che il sangue dell'idra era velenoso, Eracle lo usò per rivestire la punta delle sue frecce.

Eracle ricevette dal cugino l'ordine di catturare la cerva di Ceryne. Questo cervo era veloce e amato da Artemide. I suoi zoccoli erano di bronzo, mentre le corna erano d'oro. Eracle cacciò l'animale per un anno prima di catturarlo mentre dormiva. Ora Era intendeva che Artemide punisse con rabbia Eracle per aver osato rapire il suo amato cervo. Tuttavia, quando lei e il suo gemello Apollo si presentarono al cospetto di Eracle, questi la implorò di perdonarlo e le spiegò il suo compito e lo scopo che lo animava. Artemide si commosse e acconsentì a lasciarlo andare con l'animale a patto che lo liberasse illeso.

Al ritorno di Eracle, Euristeo cercò subito di reclamare il cervo sacro per sé. Il giovane eroe ingannò il cugino e cercò di ricondurre l'animale al palazzo. Quando Euristeo tentò di farlo, Eracle liberò l'animale che tornò a correre dalla dea.

"Mi dispiace, cugino", fu la scusa di Eracle, "semplicemente non sei stato abbastanza veloce".

Euristeo cercò ancora una volta di orchestrare la morte di Eracle. Questa volta, lo mandò a caccia del cinghiale di Erimanto. Anche questo cinghiale era sacro ad Artemide. Mentre si recava a catturare il cinghiale, Eracle si fermò presso la dimora del centauro Pholus e condivise con lui un pasto. Eracle aveva con sé del vino forte e non diluito e tutti i centauri lo bevvero senza annacquarlo. Questo li rese così ubriachi da tentare di attaccare e uccidere l'eroe. Eracle si difese scagliando contro di loro le sue frecce avvelenate e i superstiti fuggirono nella grotta di Chirone.

Eracle era così arrabbiato che li inseguì, continuando a tirare alla cieca. Una delle frecce colpì il suo caro mentore, Chirone.

Come primo centauro, Chirone era immortale, ma il dolore del veleno era insopportabile. Implorò Zeus di togliergli l'immortalità e di permettergli di scambiare il posto con Prometeo. Zeus acconsentì. Eracle non poteva sopportare di vedere il suo mentore tormentato dall'aquila e usò una delle sue frecce avvelenate per ucciderla. Chirone spiegò poi a Eracle come catturare il cinghiale.

"Basta attirarlo nella neve alta", gli consigliò il saggio centauro.

Eracle lo fece e catturò facilmente la creatura. Quando la portò al cugino, il re terrorizzato si nascose e disse a Eracle di sbarazzarsi del cinghiale.

Fatto questo, Euristeo affidò a Eracle il suo quinto compito. Piuttosto che cercare di ucciderlo, cercò di umiliare l'eroe. Così gli ordinò di pulire le stalle del re Eugea in un solo giorno. Augea, re di Elis, aveva un'enorme quantità di cavalli sani, belli e immortali. Lo sterco che producevano era abbondante, ma le stalle non venivano pulite da tre decenni.

Quando arrivò al palazzo del re Augea, Eracle chiese un decimo del bestiame del re se avesse portato a termine il suo compito nel tempo stabilito. Il re, scettico, accettò. Eracle deviò immediatamente due fiumi e le stalle furono lavate. Purtroppo, il re Augea si rifiutò di rispettare la sua parte dell'accordo. Con l'aiuto del figlio di Augea, il principe Peneo, Eracle portò l'ingannevole re in tribunale. Il tribunale si pronunciò a favore di Eracle e il re, irritato e in disgrazia, bandì l'eroe e suo figlio dal regno prima ancora che il tribunale rendesse nota la sua decisione. Eracle furioso tornò immediatamente a Elis, uccise il re e mise sul trono Peneo. Eracle creò quindi i giochi olimpici per celebrare il completamento del suo compito.

Il compito successivo di Eracle fu quello di uccidere gli uccelli stifaliani. Si trattava di mostri sacri ad Ares con becchi di bronzo, piume metalliche e sterco velenoso. Erano mangiatori di uomini e usavano le loro piume per attaccare le prede. I tentativi di Eracle di raggiungerli furono ostacolati dalla profondità della palude in cui vivevano. Sapeva che sarebbe annegato prima di raggiungere la loro tana. Ancora una volta, la dea Atena venne in aiuto del fratellastro mortale. Gli diede un sonaglio che spaventò gli uccelli e li fece volare. Una volta in volo, Eracle li abbatté con le sue frecce avvelenate. Gli uccelli sopravvissuti fuggirono in terre lontane.

Euristeo affidò quindi a Eracle il settimo compito. Questa volta, l'eroe doveva catturare il Toro cretese. Questa bestia aveva devastato l'isola di Creta. Con il permesso del re Minosse, Eracle catturò il toro usando solo le mani e lo riportò al cugino. Euristeo si nascose ancora una volta e ordinò che la bestia fosse data in sacrificio a Era. Tuttavia, accettando questo sacrificio, Era avrebbe dovuto riconoscere i successi di Eracle, quindi si rifiutò. Eracle lasciò andare l'animale, che vagò in un'altra terra dove fu infine catturato e sacrificato ad Artemide e Apollo da Teseo.

L'ottava fatica fu la cattura delle cavalle di Diomede. Diomede, re di Tracia, aveva allevato i suoi cavalli con carne umana. Questo li portò alla follia e svilupparono la capacità di sputare fuoco. Eracle si rese conto che non sarebbe stato in grado di portare a termine il compito da solo e così arruolò l'aiuto di diversi giovani. Rubarono gli animali, ma furono inseguiti dall'esercito tracio e dovettero fuggire. Eracle lasciò le cavalle alle cure del suo amico Abdero mentre affrontava l'esercito. Purtroppo, le cavalle mangiarono Abderus mentre Eracle combatteva contro Diomede. L'eroe, infuriato, diede in pasto alle cavalle il re della Tracia e poi costruì una città in memoria dell'amico. Mangiare il loro ex padrone calmò i cavalli ed Eracle legò loro la bocca. Li portò da Euristeo che liberò le cavalle, ormai pacifiche.

Il travaglio successivo fu influenzato dalla figlia di Euristeo, Admete. La principessa desiderava il cinto che la regina Ippolita aveva ricevuto da Ares. Euristeo inviò Eracle a procurarsi la cintura. Durante il viaggio verso le Amazzoni, due compagni di Eracle furono uccisi dal figlio del re Minosse. Eracle uccise i principi e prese due nipoti di Minosse per sostituire i compagni caduti. Proseguì il viaggio fino a dove vivevano le Amazzoni. La regina Ippolita era in soggezione di fronte all'eroe e accettò prontamente di rinunciare al cinto, nonostante fosse un dono del padre. Tuttavia, Era scelse questo momento per colpire ancora. Diffuse tra le Amazzoni la voce che Eracle stesse cercando di rapire la loro regina. Le donne guerriere si schierarono contro l'eroe ed Eracle, pensando che si trattasse di un complotto di Ippolita, la uccise, prese il cinto e se ne andò.

La decima fatica sarebbe stata quella finale se Euristeo non si fosse rifiutato di riconoscere due dei compiti. Il re codardo ordinò a Eracle di rubare il bestiame di Geryon. Per raggiungere il bestiame, Eracle dovette attraversare il deserto libico. Il caldo gli tolse le forze e lo frustrò a tal punto da scagliare una freccia contro Elio, dio del sole. Il dio fu colpito dal coraggio di Eracle e gli offrì il suo carro d'oro per cavalcarlo. Eracle arrivò a destinazione in una notte. Per raggiungere il bestiame, Eracle dovette prima affrontare Ortro, il fratello bicefalo di Cerbero. L'eroe uccise il cane in un colpo solo. Uccise anche il mandriano, Eurione, che lo attaccò dopo che il cane era morto. Geryon era un gigante con tre torsi simili a quelli umani collegati dalla vita. Quando seppe cosa aveva fatto l'eroe, si armò di tre elmi, lance e scudi e affrontò Eracle. Un colpo di Eracle gli trafisse la fronte e lo uccise all'istante.

Portare il bestiame a Euristeo non fu un compito facile. Eracle uccise due figli di Poseidone che avevano cercato di rubargli il bestiame. Un toro fuggì in mare e nuotò verso l'Italia, dove entrò a far parte delle mandrie del re. Eracle affidò la cura del bestiame rimanente al dio Efesto e si mise alla ricerca del toro scomparso. Quando lo trovò, il sovrano, Eryx, lo sfidò a un incontro di lotta. Eracle vinse per tre volte di seguito e uccise il re.

Dopo aver radunato tutto il bestiame, Era ha affrontato la sfida successiva quando ha mandato un tafano a disperdere la mandria. Eracle dovette ancora una volta riunirle. La dea fece poi straripare un fiume ed Eracle fu costretto a usare delle pietre per creare un ponte. Alla fine condusse il bestiame a Euristeo, dove fu sacrificato.

A questo punto Euristeo annunciò che due delle fatiche non erano valide.

"Ti sei fatto aiutare da Iolao con l'idra e hai accettato il pagamento per pulire le stalle del re Augea. I due fiumi hanno fatto le pulizie per te", dichiarò il re codardo.

Così, Eracle si trovò a dover portare a termine un altro compito. Questa volta, Euristeo gli ordinò di rubare tre mele d'oro dal giardino delle Esperidi. Queste ninfe erano figlie di Atlante ed erano associate al tramonto. Il loro giardino si trovava molto a ovest. Per ottenere la loro posizione precisa, Eracle afferrò e lottò con Nereo. Nereo era il figlio di Gaia. Era conosciuto come "il vecchio del mare" e aveva il dono della profezia e la capacità di mutare forma. Eracle si aggrappò a Nereo nonostante il dio si trasformasse in tutte le sue forme. Alla fine, il dio del mare cedette e disse a Eracle ciò che voleva sapere.

Il viaggio di Eracle fu interrotto da Anteo, il mezzo gigante figlio di Gaia e Poseidone. Durante il loro scontro, Eracle si accorse che Anteo traeva forza dalla terra e diventava invincibile. L'eroe si oppose raccogliendo Anteo da terra e schiacciandolo a morte con le sue braccia. Dopo di ciò, Eracle trovò finalmente il giardino. Tuttavia, il giardino era protetto ed Eracle ebbe difficoltà a recuperare le mele d'oro. Convinse Atlante ad accettare uno scambio: Eracle avrebbe sorretto il cielo mentre Atlante avrebbe recuperato le mele. Tuttavia, Atlante intendeva tradire l'eroe. Il Titano decise di lasciare Eracle con il suo fardello e di portare lui stesso le mele a Euristeo. Eracle finse di accettare, ma chiese una cosa.

"Se volete alzare ancora una volta il cielo per qualche istante, vorrei sistemare il mio mantello", disse.

Atlante accettò e si mise di nuovo in spalla il cielo. Ma Eracle non aveva intenzione di restare. Recuperò le mele e se ne andò per la sua strada.

Finalmente Eracle aveva raggiunto la sua ultima fatica. Euristeo lo incaricò di catturare Cerebero, il cane a tre teste che custodiva gli Inferi. Eracle dovette prima imparare i Misteri Eleusini, che gli insegnarono a viaggiare tra il regno dei vivi e quello dei morti. Quando arrivò all'ingresso dell'Ade, gli dèi vennero in suo aiuto.

Atena ed Ermes lo aiutarono a entrare negli Inferi. Una volta lì, Eracle lottò contro Caronte per ottenere un passaggio sicuro attraverso il fiume Acheronte.

Nell'oltretomba, Eracle incontrò Teseo e Pirito che erano stati magicamente incatenati a delle sedie come punizione per aver cercato di rubare Persefone. Riuscì a salvare Teseo (anche se la coscia di Teseo rimase attaccata alla sedia), ma non poté salvare Pirito (Ade si rifiutò di lasciarlo andare perché desiderava Persefone). Dopo aver salvato il cugino, l'eroe continuò fino a quando si trovò davanti ad Ade e chiese di poter prendere in prestito Cerebero.

Il dio acconsentì. "Tuttavia, devi prenderlo da solo, senza usare armi".

Il mostruoso cane da guardia non fu all'altezza di Eracle e si ritrovò presto trasportato dagli inferi al palazzo di Euristeo. Il re codardo si nascose ancora una volta e ordinò che Cerebero fosse restituito all'Ade. Inoltre, finalmente, liberò Eracle da tutte le sue fatiche.

Questa non fu affatto la fine delle avventure di Eracle. Affrontò molte prove, sconfisse uomini e mostri e viaggiò in lungo e in largo.

La morte di Eracle

Alla fine Eracle sposò una donna di nome Deianira. Era squisitamente bella e il centauro Nesso cercò di violentarla. Eracle la salvò colpendo il centauro con una delle sue frecce avvelenate. In punto di morte, il centauro le disse di mescolare il suo sangue con olio d'oliva e di usarlo per mantenere il marito per sempre fedele a lei. L'ingenua regina gli credette e prese il suo sangue. Alla fine, Eracle si innamorò di un'altra donna. Deianira si ricordò delle parole del centauro, mescolò il sangue con olio d'oliva e lo spalmò sulla camicia di Eracle. Gliela mandò e lui la indossò. La tossina dell'idra contenuta nel sangue di Nesso bruciò Eracle non appena indossò la camicia. Il dolore fu così incredibile che costruì una pira, vi salì sopra e pregò i suoi vicini di accenderla. Un passante lo fece in cambio del suo arco e delle sue frecce. Eracle morì e salì sull'Olimpo come dio.

CAPITOLO 6: TESEO

Le sei fatiche di Teseo

Nonostante avesse due mogli, Egeo, re di Atene, si trovò senza un erede. Come facevano gli uomini dell'epoca, si recò dall'Oracolo di Delfi per chiedere consiglio. Tuttavia, la profezia che gli fu data era criptica. Il re Egeo chiese aiuto a Piteo, re di Trozen. L'astuto re capì subito la profezia e organizzò un piano per far dormire sua figlia, Etra, con Egeo. Tuttavia, quella stessa notte anche Poseidone andò a letto con la principessa. La ragazza rimase presto incinta. Il re Egeo decise di tornare a casa, ma la avvertì di non dire al bambino della sua eredità.

"Se il bambino è un maschio, mostrategli questa roccia dove lascerò i miei doni. Se riesce a recuperarli, mandalo da me, così saprò che è l'erede del mio regno".

Che fosse figlio del re Egeo o di Poseidone stesso, Teseo divenne un uomo coraggioso e potente. Le sue avventure iniziarono quando raggiunse l'età adulta. Quel giorno, sua madre gli mostrò la pietra che Egeo aveva lasciato.

"Sotto questa pietra", disse, "ci sono i doni di tuo padre. Se sei abbastanza forte da sollevarla e recuperare questi doni, potrai viaggiare per stare con lui".

Teseo sollevò con impazienza la pietra e scoprì i sandali e la spada nascosti sotto di essa. Vedendo che era abbastanza grande e forte, sua madre gli consigliò di consegnare gli oggetti al re Egeo di Atene.

"Se lo farai, imparerai a conoscere tuo padre", gli disse.

Teseo si mise subito alla ricerca. Tuttavia, il viaggio non fu così semplice come aveva previsto. Il suo cammino lo portò alla dimora di Periphetes, figlio di Efesto. Una delle sue gambe era zoppa e aveva un solo occhio. Nonostante ciò, attaccava e picchiava selvaggiamente ogni viaggiatore che incrociava il suo cammino. Poi prendeva per sé tutti i loro beni. Sfortunatamente per il bandito, quando cercò di uccidere Teseo con la sua clava di bronzo, l'eroe gliela strappò e lo colpì a morte. Teseo tenne quindi la clava per sé.

Mentre i suoi viaggi proseguivano, Teseo incontrò un altro ladro, Sinis. Conosciuto come il Piegatore di Pini, Sinis legava un uomo tra due pini piegati e poi li rilasciava. Quando i pini tornavano nella loro posizione originale, l'uomo veniva brutalmente strappato in due. Teseo lo sconfisse rapidamente e gli riservò lo stesso destino di coloro che aveva ucciso. L'eroe si spinse oltre e andò a letto con la figlia di Sini e la ingravidò.

Teseo si recò nella terra di Crommyon, dove incontrò la scrofa di Crommyon. La scrofa selvatica aveva terrorizzato la terra e Teseo la uccise. In seguito, Teseo incontrò un altro ladro, Scirone. Scirone era noto per costringere i viaggiatori a lavargli i piedi. Quando si chinavano per farlo, li calciava giù dalla scogliera e li buttava in mare, dove venivano divorati dalla tartaruga gigante che aspettava affamata sul fondo. Ancora una volta, Teseo si rese protagonista di una giustizia poetica. Mentre Scirone si preparava a prenderlo a calci, Teseo afferrò il ladro e lo gettò dalla rupe. La tartaruga non esitò a mangiarlo.

Quando Teseo arrivò a Eleusi, incontrò il re Cercione. Il re era noto per sfidare i viaggiatori in un incontro di lotta all'ultimo sangue. Tuttavia, Teseo era più abile del re e lo gettò a terra con tanta forza da farlo morire. Ancora una volta, Teseo dormì con la figlia dell'uomo che aveva ucciso.

L'ultimo ostacolo che Teseo incontrò prima di arrivare ad Atene fu Procuste. Procuste sembrava un uomo gentile e ospitale. Ogni volta che passava un viaggiatore, gli offriva un letto per passare la notte. Tuttavia, ogni viaggiatore che accettava e si sdraiava veniva presto costretto da Procuste ad adattarsi al letto.

Gli tagliava le gambe con un'ascia se erano troppo alti o li allungava a martellate se erano troppo bassi. Come per gli altri, Teseo lo superò. Anche se Procuste si adattava perfettamente al letto, l'eroe gli tagliò le gambe e la testa.

Dopo un lungo e travagliato viaggio, il giovane principe giunge finalmente ad Atene. A quel punto, però, Egeo si era risposato con l'incantatrice Medea. La donna riconobbe subito Teseo e lo considerò una minaccia per suo figlio, che considerava il futuro re di Atene. Medea aveva già dimostrato di essere spietata e assetata di sangue uccidendo i due figli avuti dall'eroe Giasone, per vendicarsi del fatto che questi l'avesse lasciata per un'altra donna. Convinse Egeo che questo strano giovane era un pericolo per lui e convinse il re a mandarlo a caccia del Toro di Maratona. Questo toro era precedentemente noto come toro cretese, che Eracle aveva catturato durante una delle sue fatiche. Come suo cugino, Teseo riuscì a cacciare e catturare l'animale. Lo portò al cospetto di Egeo e Medea prima di sacrificarlo agli dei gemelli Artemide e Apollo.

Ma Medea non si lascia scoraggiare. Cercò quindi di avvelenare il giovane principe durante un banchetto. Fortunatamente, il re Egeo riconobbe i suoi sandali e la sua spada e intuì l'intenzione della moglie. Il re tolse immediatamente il vino dalle mani del figlio e bandì Medea. Egeo accolse il figlio e lo nominò erede al trono di Atene.

Teseo e il Minotauro

Teseo non era ad Atene da molto tempo prima di scoprire il tributo che erano costretti a pagare al re Minosse di Creta. Ogni anno, sette fanciulle e sette guerrieri venivano inviati nel labirinto di Creta dove venivano divorati dal Minotauro. Il re cretese aveva imposto questa tassa come punizione per l'uccisione dei suoi figli da parte degli Ateniesi.

Il Minotauro era il frutto della moglie del re Minosse, Pasifae, e del toro cretese. La regina aveva avuto la maledizione di desiderare il toro e aveva dormito con lui in segreto. Il risultato fu un bambino con un corpo umano e la testa di un uomo. Minosse, imbarazzato, aveva commissionato al grande inventore Dedalo la costruzione di un labirinto per custodire il Minotauro.

Dopo aver saputo del tributo, Teseo pregò il padre di permettergli di essere tra i guerrieri scelti per il sacrificio. "Ucciderò il Minotauro e libererò il nostro popolo".

Egeo accettò a una condizione.

"Promettimi che se partirai per tornare, farai sventolare vele bianche sulla tua nave", disse il re. "In questo modo vedrò le navi che tornano da lontano e saprò che il mio prezioso figlio è vivo".

Teseo accettò e partì con il resto dei tributi. Quando arrivarono a Creta, dichiarò con coraggio al re Minosse che avrebbe ucciso il mostro del labirinto. Minosse accolse le sue affermazioni con derisione. Tuttavia, il coraggio e il portamento nobile di Teseo attirarono l'attenzione della principessa Arianna. Si innamorò profondamente di lui e decise di aiutarlo nella sua missione. La principessa pregò Dedalo di svelarle il segreto per navigare nel labirinto. L'inventore lo fece e le diede un gomitolo di filo che lei consegnò a Teseo.

"Lascia che questo si dipani mentre attraversi il labirinto. Ti aiuterà a trovare la via d'uscita", disse al giovane eroe.

Teseo accettò il filo e si immerse nelle profondità del labirinto. Trovò il Minotauro al centro e lo uccise dopo una breve battaglia. L'eroe lasciò quindi il labirinto seguendo il filo. Prese la principessa, radunò i suoi uomini e fuggì. Come promesso in cambio del suo aiuto, Teseo sposò Arianna durante una delle loro brevi soste su un'isola.

Ma il matrimonio di Teseo e Arianna era destinato a finire così rapidamente come era iniziato il loro amore. Mentre la principessa stava ancora dormendo, Teseo e i suoi uomini salirono a bordo della loro nave e la lasciarono indietro. Lei si svegliò sola e sconvolta. Tuttavia, il dio Dioniso si era innamorato di lei e la soccorse. La prese in moglie e la portò sull'Olimpo a vivere con lui.

Teseo, nel frattempo, continuò a navigare verso casa. Nell'agitazione dimenticò la promessa fatta al padre. Il re, addolorato, vide le vele nere della nave e si gettò nella morte. Quello che sarebbe stato un gioioso ritorno a casa per Teseo si trasformò in un lutto. Il giovane eroe fu incoronato re al posto del padre.

La morte di Teseo

Sebbene Teseo sia stato un grande re che ha realizzato molte cose, la sua scelta di amici e le sue interazioni con le donne lo hanno portato alla rovina. Divenne amico del re Pirito ed entrambi si recarono presso le Amazzoni per catturare delle mogli. La moglie di Teseo gli diede un figlio di nome Ippolito. Tuttavia, Teseo si stancò di lei e sposò la sorella di Arianna, Fedra. Fedra si innamorò di Ippolito, ma lui la respinse. Per vendicarsi, disse a Teseo che suo figlio l'aveva violentata. Teseo, infuriato, maledisse il figlio e Ippolito finì per essere ucciso dai suoi cavalli. Fedra si impiccò.

Teseo iniziò a cercare un'altra moglie. Pirito e Teseo decisero che, in quanto figli di dèi, meritavano di sposare figlie di dèi. Teseo scelse la giovane Elena di Troia e la rapì. Affidò la bambina alla madre perché la crescesse finché non fosse stata in età da marito, ma il fratello di Elena la salvò. Nonostante la perdita di Elena, Teseo accettò di recarsi negli inferi per catturare Persefone e permettere a Pirito di sposarla. I due fallirono e furono puniti per il loro crimine.

Teseo rimase negli inferi per molti anni prima di essere liberato da Eracle. Tornato ad Atene, scoprì che era stato scelto un nuovo sovrano. Questo sovrano non era disposto a rinunciare al suo trono, così Teseo fuggì a Sciro, dove il re Licomede lo accolse. Ma Licomede era un sostenitore del nuovo sovrano di Atene. Mentre fingeva di far visitare l'isola a Teseo, Licomede spinse l'eroe giù da una rupe.

CONCLUSIONE

Per gli antichi greci la mitologia greca era molto più di semplici storie. Erano mappe stradali che insegnavano loro come vivere e come adorare. Formava la loro religione, dirigeva le loro vite e li aiutava a capire il mondo che li circondava. I Greci non erano inclini a testi religiosi soffocanti. Accoglievano con favore i narratori che contribuivano alla loro comprensione degli dei.

I Greci credevano in molti dei. Delle centinaia che veneravano, quattordici costituivano la pietra miliare della loro religione. Dodici di questi erano conosciuti come gli Olimpi, guidati da Zeus, il dio del tuono e della giustizia. Questi dei non erano perfetti. Erano violenti, lussuriosi, capricciosi e crudeli. Si intromettevano negli affari degli uomini, andavano a letto con innumerevoli donne e popolavano la terra di semidei e mostri. I Greci credevano che disonorare gli dei o non onorarli abbastanza portasse a conseguenze terribili.

Oltre agli dei, i Greci avevano molte storie di eroi. Questi eroi erano spesso figli degli dei e compivano grandi imprese. Erano considerati un esempio di uomo forte e coraggioso. Tuttavia, molti di questi eroi subirono destini tragici a causa del loro orgoglio e della mancanza di rispetto per gli dei. I Greci impararono tanto dai difetti degli eroi quanto dai loro successi.

Oggi la mitologia greca è diffusa nella società moderna. È presente nella medicina, nella filosofia, nell'astrologia e nel linguaggio. Le storie sono state raccontate in innumerevoli modi. Le intricate e bellissime storie della mitologia greca illuminano la mentalità di un popolo antico e catturano l'immaginazione della società attuale.

www.ingramcontent.com/pod-product-compliance
Lightning Source LLC
Chambersburg PA
CBHW070810120626
46557CB00002B/796